UN
COUP DE LOUPE
A
L'EXPOSITION UNIVERSELLE
DE 1855,

Revue complète sur les produits de l'Horlogerie française et étrangère,

figurant à l'Exposition Universelle de Paris en 1855,

PRÉCÉDÉE D'UNE NOTICE SUR L'ORIGINE DES EXPOSITIONS,

PAR

L. BORSENDORFF,

HORLOGER (AUTEUR DE LA LOUPE).

Prix : 1 franc.

PARIS,

EN VENTE, CHEZ L'AUTEUR,

RUE DE VANNES, 4 (MARCHÉ DES PROUVAIRES);
Et chez tous les principaux Libraires de Paris et de la Province.

1855

UN
COUP DE LOUPE
A
L'EXPOSITION UNIVERSELLE
DE 1855,

Revue complète sur les produits de l'Horlogerie française
et étrangère,

figurant à l'Exposition Universelle de Paris en 1855,

PRÉCÉDÉE D'UNE NOTICE SUR L'ORIGINE DES EXPOSITIONS,

PAR

L. BORSENDORFF,

HORLOGER (AUTEUR DE LA LOUPE).

PARIS,
EN VENTE, CHEZ L'AUTEUR,
RUE DE VANNES, 1 (MARCHÉ DES PROUVA'RES);
Et chez tous les principaux Libraires de Paris et de la Province.

1855

Paris. — Imprimerie de Madame de Lacombe, rue d'Enghien, 14.

AVANT - PROPOS.

> . . . .
> De telles gens, il est beaucoup
> Qui prendraient Vaugirard pour Rome,
> Et qui, caquetant au plus dru,
> Parlent de tout et n'ont rien vu.
> LA FONTAINE.

L'Exposition Universelle, avec ses riches produits industriels, a été cette année un champ vaste et fertile, offrant de belles moissons à tous les journaux. L'horlogerie, pour son compte, a obtenu les honneurs des grands et des petits, et dans tous, des plumes élégantes et exercées, sous le titre modeste de revues, lui ont tour-à-tour consacré de longs et beaux articles, qui n'étaient pas moins que l'histoire complète de l'art de la mesure du temps.

En effet, ces morceaux de littérature, remontant, les uns, à l'antiquité reculée des *gnomons* et des *cadrans solaires*, les autres au *sablier* ou à la *clepsydre*, font tous preuve d'érudition à l'endroit de Ctésibius, Gerbert ou Charles-Quint, mais une fois arrivé aux horlogers contemporains ou dans le Palais de l'Industrie, l'érudition de plusieurs fait défaut, et alors on voit ces beaux articles se terminer par des coups d'encensoir parfois assez malencontreux.

Notre titre montre assez que nous ne ferons pas ainsi, d'ailleurs, plus familier à tenir la lime que la plume, et ignorant tout maniement de l'encensoir, nous ne saurions faire une œuvre littéraire. Seulement, connaissant l'usage d'une loupe, nous allons nous en servir, et avec son secours faire une simple, mais véritable revue des produits chronométriques qui figurent cette année au Palais des Champs-Élysées, en la faisant précéder d'un mot sur l'origine des expositions.

ORIGINE

DES

EXPOSITIONS INDUSTRIELLES.

En l'an vi (1798), pour donner plus d'attrait aux fêtes républicaines des jours complémentaires, et afin d'offrir une variété aux divertissements publics, on eut, pour la première fois, l'idée d'y assimiler un marché. D'abord on n'avait songé qu'aux arts d'agrément ; puis on pensa qu'il était naturel de faire jouir aussi les arts mécaniques du même avantage (1).

Quoi qu'il en soit, M. François de Neufchateau, qui dirigeait alors les affaires de l'intérieur, comprit tout de suite l'influence que pourraient avoir les expositions industrielles sur le développement du travail et la prospérité de la république. La première Exposition industrielle fut donc résolue.

Elle fut ordonnée pour les fêtes de l'an vi ; elle dura trois jours, et elle eut lieu au Champ-de-Mars, dans un local construit *ad hoc*. C'était un parallélogramme comprenant 68 arcades, au centre duquel on avait ménagé une place ; au milieu s'élevait le temple de l'industrie. Les 68 arcades contenaient les produits de cent dix exposants, la plupart manufacturiers parisiens. Cette Exposition ayant été résolue et ordonnée trop

---

(1) Voir les notices sur les objets envoyés à l'Exposition des produits de l'industrie française, par Anselme Cortoz, chef du bureau des arts et manufactures, Imprimerie impériale, 1806.

précipitamment, n'avait pas donné le temps d'y convier les travailleurs de toute la France. Parmi les exposants, figuraient alors trois horlogers : Bréguet, Couturier et Lemaire.

Bréguet. — Nouvel échappement libre à force constante, adapté à une pendule qui met une montre à l'heure et qui la règle; chronomètre musical.

Couturier. — Pendule battant les secondes décimales.

Lemaire. — Pendule à jeu de flûte ; boîte à carillon.

Le jury de cette première exposition se composait de neuf membres; leurs noms, déjà célèbres alors, figurent aujourd'hui sur les murs du palais des Champs-Elysées ; ce sont : Darcet, Molard, Chaptal, Vien, Gillet, Laumont, Duquesnoy, Moitte et Gallois. Chaptal était le rapporteur.

Douze récompenses de première classe et treize de seconde furent décernées par la république aux exposants des produits les plus remarquables.

Telle fut l'origine et le point de départ des onze expositions industrielles qui se sont succédé jusqu'à nos jours. Tel fut le commencement modeste de ces solennités qui aujourd'hui mettent les nations en émoi, et sont devenues le rendez-vous de tous les travailleurs qui, sans distinction ni de races, ni de latitudes, apportent de tous les points du globe, sous la même tente, le fruit de leurs veilles et de leurs travaux, comme pour dresser l'actif des produits humains et marquer chaque étape de la marche triomphale de l'industrie.

Le rapprochement du chiffre des exposants de l'an VI avec celui de ceux de 1855, montre en effet le rapide essor qu'a pris l'industrie en moins de soixante ans. Aujourd'hui, 18,079 exposants figurent à l'Exppsition universelle de 1855 : 9,337 représentent la France et 8,742 les autres nations.

Tel est le résultat que l'on doit à ces hommes qui, après avoir affranchi le travail de la servitude, l'ont honoré, puis glorifié pour la première fois. Grâce à leur initiative, l'industrie, autrefois si misérable et si méprisée, a quitté enfin sa hutte et son grenier pour venir habiter son palais, car aujourd'hui elle est reine, et, comme les rois, elle a définitivement le sien où elle convie les quatre parties du monde. Seulement nous lui témoignons très humblement notre regret qu'une aussi grande reine ne se laisse visiter par ses sujets que moyennant vingt centimes ou un franc.

Le nouveau Palais de l'Industrie est un grand parallélogramme long de deux cent cinquante mètres et large de cent huit. Il a été construit sur les plans de M. Alexis Barrault, ingénieur, et sur les dessins de M. Viel, architecte. Nous ne parlons ici que de l'édifice principal, le seul qui doit survivre à la solennité de 1855.

Ce bâtiment se compose, au rez-de-chaussée, d'une salle rectangulaire longue de cent quatre-vingt-douze mètres et large de quarante-huit, et de galeries latérales de vingt-quatre mètres de largeur. Au premier étage règnent d'autres galeries d'une dimension égale à celles du rez-de-chaussée.

L'enceinte extérieure est en pierre de taille, les compartiments intérieurs en fer et en fonte, et la couverture en châssis vitrés.

Six grands pavillons flanquent ce grand périmètre et forment saillie en retour ; les parties latérales du bâtiment sont éclairées par six cents hautes fenêtres en plein cintre de médiocre effet. Deux cent cinq noms d'hommes illustres dans les sciences, les arts et l'industrie, sont gravés en lettres d'or dans la frise qu entoure ce panthéon de l'industrie, parmi lesquels figurent trois horlogers. Ferdinand Berthoud, né en Suisse en 1727, et mort à Londres en 1807. Bréguet, né en Suisse en 1747, mort à Paris en 1820, et Janvier, né à Claude en 1751, mort à Paris en 1835.

Au pavillon nord, se trouve l'entrée principale qui est d'un aspect vraiment imposant.

Cette porte monumentale, formée en plein cintre, dessine une arche gigantesque plus grande que l'Arc-de-Triomphe de l'Etoile, et s'ouvre au milieu d'un avant-corps surmonté d'une attique que domine la statue colossale de la France couronnant les arts et l'industrie. Ce groupe est de M. Elias Regnault.

A droite et à gauche sont deux groupes de génies soutenant des cartouches ornées des armes et des chiffres de Napoléon.

Au-dessous du groupe central et dans la largeur de la grande porte, s'étend une frise représentant l'industrie et les arts venant offrir leurs produits à l'Exposition. Ce bas-relief est de M. Desbœuf.

Deux grandes renommées ornent, à droite et à gauche, les tympans du grand arc. Sur le porche d'entrée est sculpté un grand sujet relatif aux arts et à l'industrie.

Tel est l'ensemble général du nouveau palais élevé à l'industrie dans les Champs-Elysées. Certes, il n'a pas l'étendue de celui qu'elle a occupée si glorieusement en 1851 à Hyde-Park. Celui-ci avait 562 mètres de long sur 137 de large, c'est-à-dire plus de deux fois la grandeur de celui du carré Marigny.

Néanmoins, sans avoir tout d'abord un aspect aussi grandiose et aussi saisissant qu'au Palais de Cristal, une fois à l'intérieur, l'Exposition universelle de Paris est, par ses riches produits, tout au moins aussi belle et aussi imposante que celle de Londres.

UN
COUP DE LOUPE
A L'EXPOSITION UNIVERSELLE.

PREMIÈRE PARTIE.
Revue sur l'Horlogerie française.

En apprenant la solennité à laquelle l'Industrie convoquait toutes les nations pour faire les honneurs de son nouveau palais, nous avons tout de suite vérifié notre vieille loupe, pour nous assurer si elle n'avait point perdu quelques-unes de ses qualités d'optique, dont le secours nous a été si précieux durant deux expositions.

Nous avons reconnu avec joie que le verre de notre compagne était encore intact et tout prêt à nous continuer les mêmes services qu'il nous a précédemment rendus. — Et certes nous en avions besoin.

Au Palais de l'Industrie, l'horlogerie compte 323 exposants, c'est-à-dire 146 de plus qu'à l'exposition universelle de 1851. La France seule y figure pour 185. Il est vrai que dans ce nombre tous ne sont pas horlogers, bien qu'ils aient de fort belles vitrines.

La Suisse compte 77 exposants. L'Angleterre 15. Le Wurtemberg et la Bavière chacune 9. La Prusse 6. L'Autriche et la Hollande 5. Le Dannemarck, la Sardaigne et la Belgique 3. L'Amérique, l'Algérie et l'Espagne chacune 1.

A la vue du nombreux contingent de la France, notre loupe a tressailli d'aise, aussi malgré son cosmopolitisme nous sommes-nous aussitôt dirigé dans les galeries françaises.

Cette fois, plus heureux qu'en 1851, nous avons rencontré des noms d'élite que nous avions cherché en vain à l'Exposition de Londres. Sur le pont où la commission a placé la chronométrie française, est une chétive vitrine portant le n° 1701. Elle contient une montre marine, qui est là, muette, resserrée, et soigneusement fermée; c'est l'exposition d'une de nos premières sommités. Certes la quantité ne fait pas la qualité, néanmoins quelque puisse être ce chef-d'œuvre, notre humble loupe, qui n'est pas douée de la seconde vue, n'a pu en contempler que le cadran.

Ce froid produit de MM. Berthoud, car c'est le leur, nous a fait l'effet d'une carte de visite laissée seulement pour faire acte de présence. Cependant, sur les murs de ce nouveau Panthéon que la France vient d'élever à l'Industrie, nous lisons gravé en lettres d'or le nom Berthoud. Nous supposons que ce doit être Ferdinand; et les héritiers de ce nom célèbre, ont eux aussi, déjà été comblés des faveurs de leur pays.

Heureusement, pour l'honneur de la chronométrie française, MM. Dumas, Vissière, Winnerl et plusieurs autres se présentent hardiment en mettant en ligne plus de quinze montres nautiques de la plus brillante exécution, et autant de chronomètres de poche qui prouvent à nos rivaux d'Outre-Manche que la chronométrie française n'est pas morte.

M. Dumas, de Saint-Nicolas-d'Aliermont, semble devoir remplir le vide laissé par la mort si regrettable de Gannery; il est à son quarante-deuxième chronomètre, nous savons que plusieurs de ses montres marines ont été achetées par le gouvernement, et que deux d'entre elles ont en outre obtenu la prime de 2,000 fr.; il figure avec trois montres de bords, quelques ébauches et trois chronomètres de poche, tous ces produits sont d'une exécution qui révèle la main habile du gendre de M. Motel. Ajoutons que cet artiste n'a encore que trente-deux ans.

M. Vissière du Havre, compte trois chronomètres de poche, trois belles montres marines, plus deux autres qui, démontées, laissent voir qu'il est l'heureux rival de M. Dumas.

M. Winnerl, de Paris, a trois montres de bord et plusieurs chronomètres de poche, et l'on sait que ses chronomètres nautiques donnent des résultats satisfaisants. Les pièces de ces artistes sont des machines horaires réellement sérieuses et savantes, c'est-à-dire concourant à l'Observatoire, distinction qu'il est urgent de faire avec les chronomètres qui n'ont que le mérite seul d'une belle main-d'œuvre.

MM. Huard et Bussard de Versailles, ne font pas défaut. M. Jacobs, de Saint-Nicolas-d'Aliermont, a plusieurs chronomètres et deux régulateurs astronomiques, dont un, à compensation de mercure;

nous remarquons dans sa vitrine un compteur à double aiguille semblable à celui que nous avons vu à l'Exposition de Londres parmi les produits de M. Benoist. Plusieurs horlogers s'attribuent l'invention de ce curieux compteur, qui est la solution la plus simple de la mesure de la durée d'une expérience, par une machine horaire. L'arrêt d'une première aiguille marque le commencement de l'observation, la suspension de marche d'une seconde aiguille détermine sa fin. Les deux aiguilles rendues libres, elles se rejoignent aussitôt et se superposent de façon à ne plus présenter que l'aspect d'une aiguille unique, et viennent prendre sur le cadran la place précise qu'elles auraient, si leur marche n'avaient pas été suspendue. La double aiguille de ce compteur a donc la propriété de maintenir dans les mains de l'observateur une montre bien réglée en heures, minutes et secondes, malgré tous les arrêts qu'elle a pu subir pendant des expériences multipliées.

Nous retrouvons encore, ce compteur, dans l'exposition de M. Delépine (jeune) de Paris. Cet artiste l'a sensiblement amélioré par la vitesse qu'il a su donner aux aiguilles lorsqu'elles quittent leur repos pour se rejoindre. Dans la vitrine de ce travailleur nous voyons un chronomètre habilement traité et une pendule de voyage à laquelle il a appliqué à l'échappement Duplex une force constante d'une simplicité remarquable.

M. Rodanet, de Rochefort, expose aussi un chronomètre, école anglaise, et divers outils. Nous ignorons si ces pièces nautiques ont concourue. Sur le pont ; voilà, comme horlogerie de haute précision, ce que nous avons remarqué avec le plus de plaisir, l'objectif de notre Loupe ne pouvait se lasser d'aller de l'une à l'autre de ces vitrines si artistiques, mais, disons-le, bien délaissées du public, qui, au au contraire, en face, stationnait sans cesse devant un certain danseur de corde exposé par M. Wurtel.

Cette exposition mise si malencontreusement au milieu de produits sérieux et scientifiques, dont elle gêne l'étude par la foule qu'elle attire, eût été beaucoup mieux à sa place parmi les jouets d'enfants ou les poupées qui disent papa et maman. Elle eût eu ainsi l'honneur du grand palais, avec places larges et spacieuses, et M. Wurtel qui a fait la gracieuseté d'acheter son pantin pour amuser le public, eût été aussi mieux à l'aise, pour des représentations à la Guignol.

Heureusement que MM. Pierret, Larzet, Tartarin, Gaumont de Paris et M. Lecoute de Rennes se sont chargés de faire faire diversion. Leurs réveils, bien inoffensifs du reste, et qui figurent à toutes les expositions, sont là d'un grand secours, de temps en temps une sonnette tinte subitement de leurs vitrines, et ce bruit inattendu qui attire l'attention de leur côté vient toujours fort à propos disperser la foule, qui alors quitte Guignol pour voir ce qui sonne. Aussi savons-nous gré à ces messieurs d'avoir maille à partir avec Morphée.

M. Ferrier, de Paris, avec ses pendules nocturnes à cages de fer blanc est plus pacifique, sa veilleuse respecte le pavot. Il ne cherche pas à réveiller. Ce qu'il veut, c'est seulement donner l'heure en cas d'insomnie moyennant 55 fr.

Le balancier centrifuge de M. Baliman est plus divertissant, en le voyant tourner ainsi, il rappelle le bâton du fameux équilibriste des Champs-Elysées, il est vrai que par ce moyen, cet exposant obtient pour sa pendule une seconde continue. Ajoutons que les principaux produits de cette vitrine consiste en bronze.

Nous remarquons que la fièvre des montres ou pendules à marches de longue durée s'est notamment calmée, cependant nous voyons une pendule à M. Mildé, marchant quatre cents jours; une de voyage à M. Simonnin, un an; un beau régulateur de M. Jacobs, marchant six mois, et une pendule à trois mois de M. Jacquin de Paris. Mais ces messieurs sont bien en arrière comparativement à la pendule exposée par M. Thomas Yves de Châteauneuf, la marche de celle-ci est de 33 ans.

M. Thomas n'est pas horloger, son premier état était celui de tailleur, aujourd'hui il dirige une scierie, ce qui ne l'empêche pas d'avoir l'idée de renverser le principe reçu, d'établir la durée de la marche d'une horloge d'après son moteur et les révolutions des premières roues.

Suivant son système, c'est au contraire le balancier qui est le point de départ pour déterminer la durée de la marche, et la même horloge peut aussi bien marcher un siècle qu'un an.

Pour obtenir ce résultat, il remplace le pendule de Galilée par le fléau de la balance. Alors il suffit de changer la longueur et le poids de ce nouveau balancier, de mettre ensuite le nombre de dents des roues des minuteries en rapport avec celui des oscillations, et tout est dit. L'on a ainsi la durée que l'on veut et plus les oscillations sont lentes, plus l'horloge marche longtemps.

La pendule que M. Thomas expose, est genre squelette, les pièces sont en acier et laiton, deux crémaillères latérales auxquelles sont suspendus deux poids moteurs, remplacent les poulies et les cordes des pendules ordinaires à poids.

La lenteur des oscillations étant en raison de la durée de la marche, le mouvement oscillatoire de celle-ci, qui marche 33 ans, est tellement lent et imperceptible que, malgré que le rouage soit à découvert, si l'exposant n'avait eu le soin d'écrire en grosses lettres : *cette horloge marche*, personne ne pourrait s'en douter.

Nous ne ferons pas ressortir les écarts que la dilatation d'un balancier qui oscille aussi lentement peut faire subir à une telle horloge, nous rendrons seulement hommage à l'intelligence peu commune de l'exposant qui dit avoir fait de ses doigts, toutes les pièces de sa pendule ainsi que tous les outils nécessaires à sa fabrication, et nous lui souhaitons de remonter encore sa pendule plusieurs fois.

Quant à l'application du fléau comme balancier d'horloge, il y a 20 ans qu'elle est faite à une pendule placée à l'imposte de la boutique de M. Pilloy, rue Poissonnière, n° 2. Celle-ci bat la seconde, seulement elle ne marche que quinze jours.

Ajoutons que l'horloge de M. Thomas, marque

aussi les quantièmes, jours, mois, années, siècles, lever et coucher du soleil, mais elle n'est pas la seule. Cette année les horlogers qui exposent sont très lunatiques, nous voyons des cadrans lunaires et solsticiaux presqu'à toutes leurs pendules. Heureusement les deux étoiles de M. Lechevallier de Paris, viennent faire diversion. Ces deux filles du ciel sont d'autant plus intéressantes dans la pendule que cet horloger expose, qu'elles sont filantes.

Cette pendule est un sujet à deux figures entre lesquelles, deux rangs d'émaux placés en longueur à côté l'un de l'autre servent de cadran; un côté pour les minutes et l'autre pour les heures. Puis viennent les deux étoiles qui remplacent les aiguilles et marchent sur ces émaux de bas en haut, l'une d'elle y indique les minutes, l'autre marque les heures.

Mais là n'est pas le problème que M. Lechevallier a voulu résoudre: le mouvement de sa pendule n'a ni ressort, ni rouage de sonnerie, et pourtant elle sonne?..... Voici comment: dans cette pendule le mouvement est superposé au-dessus dudit cadran, sur une espèce de tour découpée dans laquelle est une hélice en forme de galerie; cette galerie compte douze spires qui correspondent aux douze heures de cadran. L'étoile des minutes à laquelle est adapté dans l'intérieur un petit plateau monte ainsi avec elle une boule d'acier.

C'est cette boule qui, arrivant au sommet du cadran à la fin de l'heure, se trouve par un décrochement placée et abandonnée sur la galerie à hélice. Elle roule alors en parcourant des douze spires, et sur son passage elle rencontre le levier d'un marteau autant de fois qu'elle doit faire sonner d'heures. Pendant ce temps, l'étoile des minutes redescend en ligne droite à son point de départ, où elle arrive nécessairement toujours avant la boule, présenter à celle-ci le plateau hospitalier qui doit la recevoir pour la remonter de nouveau, et ainsi de suite pour chaque heure.

Tel est le mécanisme que cet horloger a trouvé pour supprimer un rouage de sonnerie qui coûte cinq francs, il est vrai qu'il a ainsi une pendule sans sonnerie, mais qui sonne....

M. Charles de Paris en veut aussi à la sonnerie, et il profite de la vitrine hospitalière de M. Bailly, pour exposer un mouvement de pendule à sonnerie modifiée ; dans son mouvement le rouage se réduit à deux roues et une grande vis sans fin avec volant. La dernière roue engrenant dans la vis sans fin, porte une cheville, à chaque rotation de cette roue la cheville rencontre le levier de l'axe du marteau et lui fait ainsi sonner un coup, autant d'heures que la pendule doit sonner, autant de tours que fait la roue. Cette sonnerie ainsi modifiée augmente le prix du roulant, mais il n'y a pas de repaires. M. Jules Cambaix de Châtillon-sur-Seine trouve au contraire qu'une horloge ne sonne jamais de trop, et il a avisé au moyen de faire sonner les quarts à toutes les pendules, pourvu qu'elles soient à crémaillère.

La pendule de cheminée, avec ses complications, se ressent de l'Exposition de Londres ; elle tourne

2

à l'ornementation et au genre squelette, car nous en voyons figurer un certain nombre de cette espèce dans diverses vitrines.

Pour son compte, notre loupe ne s'en plaint pas; elle préfère les machines horaires qui montrent hardiment leur mécanisme, et dont le mouvement fait l'architecture de l'horloge à celles qui le cachent. Mais pour tous ces cadrans célestes à calendriers, signes du zodiaque, levers de lune, etc., que nous voyons cette année, nous répéterions volontiers le mot de Cambacérès à Sommariva, lorsque celui-ci lui montra sa montre pourvue de semblables cadrans et qu'il venait d'acheter chez Bréguet : « Elle marque tout, excepté l'heure. »

En effet, ces complications ne peuvent que nuire à la marche régulière d'une pendule, et n'ont qu'un seul mérite, celui de nous reporter aux horloges de Hi-Hang, alors que l'horlogerie était encore au maillot ou qu'elle marchait avec un bourrelet.

On peut avec cela jeter de la poudre aux yeux de la foule, mais non captiver le vieux verre de notre loupe.

Nous laissons les beaux marbres, les riches garnitures de cheminées et les grands bronzes dorés qui figurent dans les vitrines luxueuses de MM. Bourdin, Fraigneau et Desfontaines, de Paris.

Ces riches produits figurent à tort dans la section de l'horlogerie ; ils appartiennent à la xviie classe, où leur place fait peut-être un vide dans l'exposition des fabricants de bronzes qui les ont vendus. Cependant, parmi les bronzes et les pendules à ornementation et cadrans célestes de ces exposants, nous remarquons quelques régulateurs de cheminées vraiment beaux d'exécution. Ils ont fait un sensible plaisir à notre loupe qui est heureuse de rendre ici hommage au talent de M. Pointeau, les régulateurs de M. Desfontaines étant de la main de cet artiste.

Quant aux montres qui figurent dans les vitrines de ces exposants, elles cachent leurs cadrans et ne semblent être là que pour montrer la richesse de leurs boîtes, qui toutes sont diversement enrichies de jaspe, d'émaux, de diamants, d'armoiries, etc. Ce sont de jolies genevoises qui ont profité de la solennité qui unit toutes les nations, pour venir fraterniser dans des vitrines françaises.

M. Brocot (Ant.) expose son échappement visible qui figure dans six jolies pendules de marbre. Mais leur thermomètre et leur coucher de lune, etc., nous a fait tourner les yeux sur la girouette nouvelle de M. Rieussec, de Saint-Mandé, dont la direction nous mène devant deux petits régulateurs de cheminées, boîtes en chêne, exposés par M. Delmas, de Paris. Ces deux pièces se font remarquer par leur bon goût et leur simplicité. Elles sont à demi-seconde, avec suspension cycloïdale et balancier compensateur à trois branches agissant sur leviers.

Cette sorte de compensation semble avoir occupé cette année l'attention d'une partie des horlogers sérieux, car nous en voyons de nombreuses applications plus ou moins modifiées faites par MM. Wagner, Paul Garnier,

Gourdin, Levard, Houdin, Louis Richard, etc.

Dans le balancier de M. Delmas, la lentille montée et équilibrée sur un axe qui traverse son centre, est reçue par l'extrémité des deux leviers qui se croisent sous cet axe, lesquels leviers se meuvent sur la tringle d'acier ; la lentille obéit donc ainsi sans aucune résistance à l'action des leviers, qui, agissant au centre de la lentille, donnent une compensation absolue. Nous remarquons à ce balancier une vis de rappel à double pas, dont l'effet est d'éloigner ou rapprocher simultanément et identiquement les deux branches latérales du balancier, pour modifier ainsi et à volonté l'action des leviers. Cette double vis nous semble une heureuse idée ; elle permet de régler la compensation tout aussi facilement que l'on touche à un avance et retard. Ajoutons que l'exposant livre au commerce ses balanciers demi-seconde pour 15 francs.

Comme nouvel article d'horlogerie parisienne, nous remarquons la pendule d'habitacle. Cette petite pendule portative se propage ; elle est bon marché, et semble vouloir faire concurrence à la pendule de voyage, mais c'est encore un enfant qui a besoin d'apprendre à marcher.

MM. Gontard, Henry Jacot, Berolla, de Paris, M. Boussard, de Toulouse (1), et M. Paul Garnier,

---

(1) Nous apprenons avec douleur que M. Boussard est décédé le jour où il achevait la dernière pièce qu'il destinait à l'Exposition. L'horlogerie fait en sa personne la perte regrettable d'un artiste distingué et d'un travailleur ardent.

dans le grand palais, exposent des pendules de voyage qui font toujours plaisir à voir. Cependant, il faut le dire, les plus belles et les plus riches figurent dans les vitrines de ceux qui n'en font pas. Nous en remarquons une, entre autres, dans l'exposition de M. Bourdin; elle est à grande sonnerie et compte plus de douze carrés de remontoir; cette pièce, très riche et très compliquée, est d'un fini vraiment remarquable. Dans l'exposition de M. Desfontaines (maison Leroy et fils) (1), nous en voyons deux autres avec boîtes en argent massif, dont la brillante exécution ne cède rien à la première. Ces trois pièces sont l'œuvre de M. Pointeau. Ajoutons que c'est au talent de cet ouvrier distingué, dont on ne voit le nom nulle part et les œuvres partout, que notre pays doit d'être placé en première ligne pour ce genre de produit.

Besançon est représenté par une vitrine où figurent environ 150 montres or et argent. Presque toutes ces pièces sont fermées, et la plupart cachent leurs cadrans et ne montrent que leurs boîtes. Ce procédé, de la part de la seule ville de France où l'on manufacture entièrement la montre de commerce, ne nous a pas semblé très brave.

Ses exposants sont au nombre de douze, parmi

---

(1) Pour satisfaire à diverses demandes qui nous sont faites, nous devons dire ici que les messieurs Leroy qui s'établirent successivement au Palais-Royal, l'un galerie de Valois, l'autre dans celle Montpensier, n'étaient ni descendants, ni successeurs des Julien et Pierre Leroi, si célèbres dans l'art de l'horlogerie.

lesquels figure M. Cabus, dont l'exposition se compose : d'un chronomètre avec échappement d'Arnold modifié, auquel il a adapté une compensation supplémentaire agissant sur le spiral; d'une montre à seconde indépendante sans deuxième corps de rouage et conservant l'harmonie avec les minutes.

M. Terrier expose un nouveau genre de raquette supprimant l'ébat du spiral entre les goupilles.

MM. Ulysse Jacquard, Coquiard, et M. Liman, auteur d'un traité d'échappements, exposent chacun des montres à seconde indépendante. M. Lorimier en expose une marquant les cinquièmes de seconde.

M. Veil annonce des montres Lépine à 38 francs, M. Droz à 42, M. Petiteau un échappement à coquille en pierre marchant sans huile, et M. Bataille livre combat aux fabricants de clés, avec des montres à remontoirs par la queue.

A propos de remontoirs, nous croyons devoir engager messieurs les fabricants de clés à tenter désormais une autre industrie. La clé de montre a fait son temps; car nous voyons son horoscope dans l'exposition de MM. Damien et Langry-Lebon, de Paris. D'après ces exposants, une montre ne doit plus être assimilée à une serrure, et, comme celle-ci, être assujettie au besoin d'une clé. La vraie montre, c'est la montre sans clé!...

Le système de remontoir de ces deux horlogers est à peu près le même; il diffère seulement dans la manière de s'en servir.

Celui de M. Damien est une roue à dents de rochet, fendue de champ et adaptée au carré du barillet. Cette roue vient affleurer, dans l'intérieur, la cuvette à laquelle est percé un trou du diamètre de la roue. Pour remonter la montre, on appuie le bout du doigt sur les dents de ladite roue, et chaque mouvement de rotation qu'on lui imprime opère ainsi le remontage de la montre. On fait marcher les aiguilles par le même système.

Dans celui de M. Langry, on remplace l'application du doigt en soulevant une petite porte ronde en laiton, qui s'ouvre verticalement, et de laquelle on se sert comme levier pour faire tourner le mécanisme.

Avec le premier système, on s'abîme le bout du doigt quand on a la peau délicate, on se l'écorche quand la montre est dure à remonter, et quand on transpire des mains, on oxyde sa montre. Avec le second, on s'arrache toujours les ongles pour ouvrir la porte. Dans tous les deux, il faut ouvrir la montre pour la remonter, et c'est là juste le désagrément qu'on reproche aux montres à clé.

Ce remontoir est peu dispendieux ; mais l'application de son mécanisme aux aiguilles est vicieuse et exige un soin particulier dans le repassage.

Nous ne parlerons pas des accidents fréquents qui peuvent survenir dans son usage, et qui vous laissent tout-à-coup sans heure et avec une montre qu'on ne peut plus remonter et qui refuse son flanc à l'humble clé de dix centimes. C'est un fil de plus ajouté à la trame des petites tribulations de ce monde, et un chapitre supplémentaire de réparation à ajouter à l'entretien de sa montre, dont ne peut se plaindre un horloger.

M. Damien expose en outre un régulateur muni d'un balancier compensateur à leviers d'une belle exécution; ce balancier a été fait par un artiste peu connu, M. Rasetti.

M. Bouvier, de Paris, est plus rationnel; il est pour la montre qui ne se remonte pas du tout, ou du moins qui n'exige ni clé ni doigt. C'est pourquoi il exhibe deux montres à masse dont l'invention, qui est d'un horloger de Vienne, remonte au-delà de 1780. Il est vrai que l'acquéreur d'une telle montre peut être manchot des deux bras et cependant la remonter lui-même. Nous sommes porté à croire cet horloger très philanthrope, car il expose aussi une montre d'aveugle, indiquant les quantièmes, levers de lune, de soleil, etc. Seulement il oublie d'indiquer le moyen de faire usage de ces cadrans sans y voir.

M. Raby expose une cinquantaine de blancs de montres en nikel et plusieurs montres terminées, dont l'exécution et les beaux calibres nous dédommagent des montres sans clé.

MM. Brisbart et Robert ont aussi dans leur vitrine des spécimens bien conçus, de leur nouvelle fabrique de blancs de montres qu'ils ont fondée à Gien. Nous félicitons ces artistes des efforts qu'ils font pour fixer la fabrication des montres en France. Peut-être serait-il plus avantageux de songer aux finissages.

Nous remarquons une vitrine contenant un exemplaire du traité des échappements, par M. Claudius Saunier, ancien directeur de l'école d'horlogerie de Mâcon. Ce produit, qui passe inaperçu pour la plupart, ne saurait échapper à notre loupe, car il honore cette vitrine. C'est un ouvrage remarquable, fruit d'une longue expérience et de savantes observations théoriques et pratiques, et qui prouve que M. Saunier n'est pas seulement un horloger de grand mérite, mais encore un écrivain distingué. Nous le prions de nous pardonner si nous profitons de cette occasion pour l'encourager dans la tâche généreuse qu'il vient d'entreprendre, en créant un nouveau journal pour les horlogers (1).

M. Regnaud, de Barcelonnette, annonce comme applicable aux montres à roues de rencontre un certain échappement exempt de tout recul, mais il ne le montre pas.

M. Lange Gambier, de Loudun, est sans doute un horloger aéronaute ; ce qu'il veut, avant tout, c'est une montre qui puisse tomber sans danger, c'est pourquoi il expose une montre à double parachute.

Par la fragilité de son exposition, M. Laneuville, de Paris, ne semble pas être animé du même désir que M. Lange ; elle se compose de deux montres en cristal. L'une d'elles est à répétition ; les platines, la cadrature et le centre des roues du mouvement sont en cristal ; le rouage de sonnerie, les roues de minute et les aiguilles en agathe ;

---

(1) *Revue chronométrique*, journal des horlogers, scientifique et pratique, consacré à la défense des intérêts et au progrès de l'art de l'horlogerie, paraissant tous les mois, 10 fr. par an. Bureau à Paris, rue Neuve-des-Petits-Champs, 19.

deux ponts, ainsi que les vis qui les tiennent, en saphir.

La deuxième est une montre simple : presque toutes les pièces de cette dernière, jusqu'aux vis même, sont en cristal de roche. Ces deux montres ont chacune un échappement Duplex.

M. Laneuville ne cherche nullement à s'approprier le mérite de l'exécution de ces pièces; il indique au contraire que ces deux montres, fort curieuses d'ailleurs comme ouvrage de patience, ont été faites par feu M. Rebiller, et qu'elles ont déjà figuré aux Expositions de 1827 et 1834. Comme on le voit, elles sont de vieille roche, et c'est là leur seul mérite aujourd'hui.

Le voisin de cet exposant, M. Gambier, a aussi dans sa vitrine une vieille montre en or à répétition de Ferdinand Berthoud. Cette montre n'a rien de remarquable, on en voit journellement de pareilles, même au Mont-de-Piété; mais M. Gambier la fait figurer comme ayant été donnée à l'évêque d'Angers, par Napoléon Ier. Cet horloger aurait dû indiquer si c'est lui ou monseigneur qui l'expose.

Le voisinage de l'exposition d'histoire naturelle nous fait supposer que ces produits figurent là comme fossiles chronométriques. Or, comme le foyer de notre Loupe n'est pas assez puissant pour l'étude de l'histoire naturelle, nous dirigeons nos pas vers la fabrication des roulants de pendules et des ébauches d'horlogerie.

Cette fabrication, tout à fait française et qui n'a point encore de rivale, est représentée dignement dans cette galerie par MM. Boromée Delépine et Gauchy, Cailly, Hollingue et Martin de Saint-Nicolas-d'Aliermont. La vitrine de MM. Boromée Delépine et Gauchy, qui sont les successeurs de M. Pons, contient des roulants de régulateurs qui sont d'une exécution tout à fait remarquable, et nous devons le dire ici, pour rendre hommage à la vérité, la plupart des régulateurs que nous voyons figurer à l'Exposition sortent de cette maison, dont la fabrication consiste en pièces de commande, ébauches et roulants de pendules. Nous remarquons parmi les pièces détachées qui figurent dans cette vitrine des spécimens de pignons qui font les délices de notre loupe.

Saint-Nicolas-d'Aliermont, est, comme horlogerie, un centre de fabrication très important. Plus de cinq cents personnes, hommes, femmes et enfants travaillent à la fabrication des roulants d'horlogerie, réveils et autres; c'est la principale industrie de ce pays, qui d'ailleurs produit par an plus de 50,000 roulants divers. A l'exception de quelques fabricants, qui ont un outillage qui leur permet de fabriquer leurs mouvements en entier dans leur maison, la plupart des roulants se fait faire au dehors par des ouvriers travaillant chez eux. Seulement, chaque ouvrier a sa partie spéciale et fait, dans le mouvement, la pièce pour laquelle il a le plus d'aptitude. C'est ainsi qu'un roulant de pendule passe dans vingt mains différentes avant d'être terminé. Voici à peu près la division du travail d'un roulant avec les prix de chaque façon : les platines tournées, les piliers, les assiettes, les vis et la fonte sont tirés aujourd'hui de la fabrique de Paris.

A Saint-Nicolas, se fait, 1° le montage de cage ; consistant à percer les trous des arbres des barillets, ceux des barettes à river les piliers ; ce travail est payé de 15 à 20 cent. (1) ; — 2° le découpage, consistant à faire les croisées des roues à l'emporte-pièce, payé de 10 à 15 cent. la garniture, la plupart des ouvriers de Saint-Nicolas ne découpent encore qu'un bras à la fois ; — 3° les deux barillets avec l'arbre et le couvercle 75 cent. à 1 fr. ; — 4° *aciers*, cliquets et ressorts, fourniture de fer et acier comprise 15 à 20 cent. ; batteries de détente, 15 à 20 cent. ; — 5° le volant, le détentillon et sa broche comprise, 15 à 20 cent. ; — 6° pose d'encliquetage, consistant à poser les arbres dans les platines, faire les carrés, ajouter les cliquets, etc., 15 à 20 cent. ; — 7° *pignons*, la garniture entière, toute forgée, 20 cent. ; — tournage, la garniture, 70 à 80 cent. ; — fendage, 40 à 50 cent. la garniture ; — trempe et redressage, 15 à 20 cent. la garniture ; — poli, 30 cent. la garniture ; — 8° montage de roues, consistant à river les roues, faire la face des pignons et polir les tiges, 40 à 70 cent. Ce travail est généralement fait par des femmes ; — 9° bisotage consistant à tourner les assiettes des roues, les brunir, tracer les croisées, faire l'assiette du

---

(1) Ces prix varient suivant la hausse ou la baisse qu'éprouvent les roulants de pendules sur la place de Paris.

chapron, le river et l'ajuster, 20 à 40 cent. — 10° croisées du rouage, croiser les roues et les brunir, 15 à 20 cent.; — 11° pivotage consistant à pivoter de hauteur toutes les roues, 75 cent. à 1 fr.; — 12° fendage des roues, la garniture, 40 à 50 cent.; — 13° *finissage*, consistant à faire les engrenages, les effets de sonnerie et le rappropriage, le tout 1 fr. 50 cent. à 2 fr. Ces trois parties du finissage se font souvent séparément.

La fabrication de roulants de pendules est encore représentée dans cette galerie pour le département du Doubs, par M. Marti, de Montbelliard, M. Roux, de la Prairie, successeur de Vincenti, de et M. Louis Japy, de Berne.

En descendant l'escalier et en nous dirigeant dans la galerie circulaire qui entoure la rotonde du panorama, nous retrouvons encore cette fabrication dans la vitrine de MM. Japy frères, de Baucourt (Haut-Rhin); cette vitrine est, comme horlogerie, une des plus curieuses et la plus importante de l'Exposition. Elle contient non-seulement des roulants de pendule de toute espèce, mais aussi des spécimen d'ébauches pour tous les genres de montre imaginables, et à un prix fabuleux.

Ainsi, nous voyons des ébauches très bien faites pour montre, roue de rencontre à 1 fr.; d'autres pour montres à cylindre à 1 fr. 80 c., etc. Des vis à 65 c. la grosse. Que pouvons-nous dire, l'objectif de notre Loupe méticuleuse en est troublé, annihilé; car toutes ces ébauches ne cèdent rien à celles que nos pères payaient 40 fr. et plus.

MM. Japy sont arrivés à ces résultats surprenants, non-seulement par la division du travail, mais surtout par des moyens d'exécution qui leur sont propres.

En voici à peu près le sommaire.

Après la fusion et le laminage du laiton destiné aux pièces d'horlogerie, la première opération est son écrouissage par le martelage; ce travail, très important, est opéré chez MM. Japy par de petits martinets frappant cinq cents coups à la minute; les platines des montres et des pendules sont découpées dans le laiton ainsi durci par des balanciers à vis ou à excentriques; les bords sont dressés, pour les platines carrées, à la machine à raboter, par douzaine à la fois; pour les platines rondes, sur un tour spécial; puis les surfaces des unes et des autres sont planées sur le tour à support à chariot; tous les trous qui se trouvent dans les platines ont été préalablement percés à l'aide de forets conduits par des calibres qui déterminent rigoureusement leur place, et avec une rapidité telle, que *cent douzaines de trous*, payées huit centimes de main-d'œuvre, permettent à l'ouvrière chargée de cette besogne de gagner 1 fr. 75 c. par jour.

Les tours spéciaux sur lesquels les platines sont planées après leur perçage, pour enlever d'un même coup les bavures des forets, remplissent leurs fonctions avec une telle facilité d'emmandrinage et de démandrinage, qu'un tourneur peut, en dix heures de travail, façonner sur les deux faces *cinquante douzaines* de platines, quelle que soit leur grandeur.

Les axes des roues, fusées, barillets, balanciers, sont faits en acier anglais tréfilé dans les établissements de MM. Japy. Les pignons sont fendus par des machines qui passent d'elles-mêmes d'une dent à l'autre, jusqu'à ce que toutes les dents d'un pignon soient taillées. Une seule femme peut servir plusieurs machines.

Après la trempe, les arbres, les faces et les pivots sont terminés par des procédés qui assurent leur parfaite concentricité; les roues, découpées et croisées au balancier, sont montées sur leur assiette avec une promptitude qui permet à un seul ouvrier d'en monter soixante-dix douzaines par jour. Les ponts des roues sont taillés à la scie tournante dans de grands cercles préalablement tournés au burin fixe, ou dans des lames droites profilées convenablement à la machine à raboter. Les vis de toutes grosseurs qui servent à assembler les diverses parties des pendules et des montres sont faites par des jeunes filles sur des tours spéciaux qui en débitent chacun cent cinquante douzaines par jour.

Le fendage des roues est fait avec des fraises sur une machine à diviser, qui change elle-même de division et fonctionne seule; douze roues superposées sont fendues à la fois; les dentures sont arrondies et finies par des fraises à vis sans fin, agissant sur la roue de façon à lui imprimer un mouvement angulaire, convenable pour mettre la fraise en rapport avec chacune des dents successivement jusqu'à la fin de l'arrondi.

Les piliers des cages de pendules ou de montres

sont taillés dans du fil de laiton étiré et martelé sur le tour à burin fixe qui, d'un même coup, fait leurs portées et les arase de longueur; le fil de laiton s'avance de lui-même au travers de l'arbre du tour qui est percé dans toute sa longueur pour recevoir le fil.

Tous les outils-machines employés dans les ateliers de MM. Japy sont de leur composition et exécutés dans leurs établissements. L'importance de cette maison est telle que MM. Japy livrent moyennement par an 60,000 roulants de pendules et 500,000 ébauches de montres : ce sont eux, d'ailleurs, qui font la hausse et la baisse, et qui donnent le cours auquel sont forcés de se soumettre tous les fabricants des autres pays.

Nous laissons la foule bâiller devant les 22 pantins, les 72 cadrans et les 24 cloches de la fameuse horloge à trois étages qui est placée sur le palier de l'escalier sud du grand Palais. Cette œuvre prouve que M. Bernardin, de Saint-Loup-sur-Angronne, ne craint pas de faire une division arithmétique et encore moins un engrenage.

Il nous reste l'annexe du bord de l'eau, où l'horlogerie française compte encore de nombreux exposants, nous allons donc nous y diriger, en traversant la galerie que nous avons explorée tout à l'heure. Là, nous voyons un genre d'horlogerie pour lequel la France a incontestablement la supériorité, c'est l'horlogerie monumentale. Il est vrai que cette sorte d'horlogerie est représentée ici par MM. Wagner, Gourdin, Vérité, Collin, etc., etc., et ce sont des noms redoutables comme rivaux.

L'exposition de M. Wagner, toujours intéressante, est cependant à peu près la même que celle que nous avons vue à Londres ; différents instruments, de belles horloges simples, sévères et savamment conçues, auxquelles est faite l'application de diverses constructions d'échappements modifiés, parmi lesquelles nous retrouvons entre autres :

Un échappement Graham, évitant par sa construction, le frottement de pénétration du bec de l'ancre, contre le flanc de la dent de la roue d'échappement pendant toute la durée de l'oscillation du balancier, et n'ayant alors d'autres frottements que celui du bout de la dent de la roue sur le plan incliné de l'ancre. Des échappements à chevilles, avec une disposition spéciale, pour éviter le brisement des chevilles par la rencontre de l'ancre, lorsque le moteur est au bas et que le balancier oscille (1). Puis une échappement à recul, dont les plans inclinés sont adhérents à la tige même du balancier ; cette application a l'avantage de supprimer les deux pivots et l'axe de l'ancre, mais elle n'est pas nouvelle, et elle a été pratiquée souvent dans les horloges en carton.

Nous retrouvons aussi dans la vitrine de M. Wagner son curieux et savant remontoir à mouve-

---

(1) Cette disposition consiste dans l'articulation des bras de l'ancre sur l'axe qui les porte, et qui sont tenus rapprochés l'un de l'autre par un ressort à boudin, dont la tension suffisante, pour communiquer l'impulsion au balancier, est inférieure à la résistance des chevilles.

ment continu, qui nous a tant fait plaisir à Londres, et dont il fait l'application à une horloge pour obtenir une force constante, problème on le sait, magnifique en théorie mais bien difficile à résoudre en pratique.

Nous remarquons cette année dans la vitrine de de cet artiste une horloge qui présente un nouveau moyen d'isochronisme, il consiste dans l'application d'un petit pendule sur le pendule principal et oscillant dans le même sens, afin de lui conserver des vibrations d'égale durée.

Dans la même vitrine, M. Boquillon expose un échappement de Galilée, dans lequel les oscillations du pendule sont entièrement libres ; les effets de cet échappement sont d'une simplicité remarquable, et révèlent le génie du grand philosophe de Pise, auquel nous devons la découverte si importante du pendule. Ce fut lorsqu'il était privé de la vue et captif dans la villa d'Arcetri près de Florence, qu'il communiqua, en présence de Viviani, son disciple, le plan de l'échappement que nous avons devant les yeux, comme un moyen, de faire l'application de son pendule aux horloges.

La description de cet échappement, qui était resté inconnu jusqu'à nos jours, était contenue dans une lettre, écrite le 20 août 1659, par Viviani au cardinal Léopold de Médicis, relativement aux prétentions de Huygens sur l'application du pendule aux horloges, dont il se disait l'inventeur.

C'est à la copie de cette lettre, découverte avec

les autres papiers de Viviani en 1820 et achetés alors par le comte Nelli, qui la publia en 1821, que nous devons l'œuvre de M. Boquillon, exécutée d'après le texte seul de ce précieux document, nous pensons que l'horlogerie lui en sera reconnaissante ainsi qu'à Galilée.

M. Gourdin, de la Sarthe, expose cinq horloges, dont trois entre autres, faites de laiton et d'acier poli, sont trois admirables chefs-d'œuvre, le fini de leur exécution ne cède rien aux pièces d'horlogerie les plus délicates; nous rendons hommage aux moyens mécaniques desquels il faut que cet artiste dispose, pour atteindre un aussi beau résultat; ces horloges sont à échappement dit à force constante, avec balancier compensateur à trois branches et à leviers variables.

M. Collin, de Paris, indépendamment de l'horloge que l'on remarque au grand Palais et qui fait mouvoir par l'électricité les aiguilles des deux cadrans placés à chaque extrémité de la nef, a aussi dans sa vitrine plusieurs belles horloges de grande dimension. Nous remarquons une petite horloge de clocher de M. Vérité, de Beauvais, elle est à cheville, et les plans inclinés de l'échappement sont adhérents aussi à la tige même du balancier; cet artiste expose en outre un régulateur à boîte monumentale en chêne richement sculpté, mais à l'aspect des vingt cadrans, c'est-à-dire vingt minuteries dont il est pourvu, indiquant l'heure de différentes latitudes, quantièmes, lever de lune, de soleil, signe du zodiaque, etc., etc., notre loupe, déjà fâcheusement impressionnée par tous ceux qu'elle avait rencontré dans la galerie précédente, sentit son verre se troubler entièrement. MM. Blin, Dorléans et Georges Feth, de Paris; MM. Galle, de Rennes, et Hirt, de Nantes, exposent aussi différentes horloges de clocher, dont nous laissons les forces constantes, pour remarquer celles de M. Hudde, de Villiers-le-Bel, qui n'en ont pas, mais qu'il livre à 250 fr. M. Pétry et fils, de Vilaine-sur-Ource, expose une horloge d'église avec balancier circulaire, à laquelle est faite l'application d'un nouvel échappement libre, dans lequel le balancier ne reçoit d'impulsion qu'après avoir fait trois vibrations.

Mais pendant que tous ces artistes s'évertuent à perfectionner dans leurs horloges la roue dentée, et à chercher des échappements à force plus ou moins constante, M. Lamblin, curé de Boux-sous-Salmaise (Côte-d'Or), laisse de côté, Archimède, l'épicycloïde, la vieille routine des engrenages, et du coin de son presbytère il prouve que l'on peut obtenir la solution de l'heure, sans tout l'attirail mécanique du rouage et de l'échappement; un pavé, du bois et un peu de fil de fer, voilà ce qu'il faut. Avec cela on a une horloge qui donne l'heure; telle est celle que M. Lamblin expose, qui effectivement marche sans aucun rouage, et dans laquelle le pendule est directement en contact avec la force motrice. Dans cette curieuse horloge, tous les effets se font par des sautoirs. Un pavé, suspendu dans un plateau et deux traverses de bois sert de balancier; à ce balancier est une petite planchette à bascule, qui, à chaque oscillation vient rencontrer une des pointes de fil de fer, de la forme d'une patte de faucheur, plantées dans un disque en bois qui porte à sa circonférence huit pointes pareilles ; la planchette du balancier fait ainsi sauter le disque d'une pointe à chaque oscillation, ce disque porte en travers une cheville, qui opère à chaque rotation le décrochement d'une détente : cette détente, dégage la force motrice, et met alors celle-ci en contact avec le balancier, qui à ce moment se trouve tiré dans le sens qu'il oscille, et reçoit ainsi une nouvelle impulsion.... *et vice versa.*

Cette horloge est fort originale ; nous n'en dirons pas autant de celle de M. Cart, de Sarrogeois, quoique cet exposant nous apprenne, par une pencarte biographique, qu'à l'âge de huit ans il fit un cadenas que personne n'ouvrait, et à dix-huit, une serrure !... Assurément, la pièce que nous voyons exposée sous le nom d'horloge astronomique, avec ses bons hommes et ses seize cadrans de tôle barbouillée, n'est pas autre chose. Tout près de là, M. Roux, du Cantal, expose une pendule squelette destinée sans doute à servir de modèle pour une cage à poulet ; c'est pourquoi son échappement se compose de deux tourtereaux dont les deux becs forment les leviers, et, lorsque la pendule marche, les deux tourtereaux se becquettent tendrement : c'est élégiaque, mais peu chronométrique.

Nous laissons les coucous de MM. Ketterer, de Valogne, et Denise, de Caen. Le soleil étincelant qui se balance à un régulateur comtois dans la vitrine de M. Camille, nous indique l'horlogerie de

Morez, qui est représentée ici par MM. Chavin, Reyder et Morel. Or, l'on sait que l'horlogerie du Jura a aussi son importance; ce département livre au commerce plus de 80,000 pendules par année, appelées horloges comtoises; c'est la pendule des travailleurs de nos campagnes : on la rencontre dans la chaumière, dans la ferme et dans le château : c'est dire ce qu'elle est.

En changeant de compartiment, nous nous trouvons au milieu des principaux horlogers qui figurent dans l'annexe; ceux-ci, mieux partagés que ceux de la galerie du pont, ont pour la plupart de spacieuses vitrines. Nous nous arrêtons d'abord devant celle de M. Bréguet; mais, hélas ! combien notre pauvre Loupe est déçue... Dans cette vaste vitrine où elle pensait pouvoir contempler des œuvres d'élite, à la hauteur de l'art des Julien Leroy et Ferdinand Berthoud, et refléter, comme dans les modestes vitrines de MM. Dumas, Vissière et autres, ces savantes machines horaires qui font les délices de son objectif, elle rencontre à peine une montre marine, dénuée du journal authentique constatant sa marche, et égarée là au milieu de produits qui appartiennent pour la plupart à la ixe classe; car, dans cette vitrine, la télégraphie a le pas sur la chronométrie.

Cependant nous remarquons une pendule sympathique d'une exécution admirable, et un régulateur de cheminée fait de main de maître. Ces deux pièces, qui sont l'œuvre de M. Couët, font le plus grand honneur à son talent; aussi regrettons-nous sincèrement de ne point voir figurer le nom d'un artiste aussi distingué parmi les exposants.

Nous voyons encore dans cette vitrine quelques compteurs-pointeurs de l'invention de M. Rieussec, et une montre à masse, équation, grande sonnerie et échappement à ancre; cette pièce est belle et très compliquée, mais, ce qu'elle a surtout de remarquable c'est le prix dont elle est cotée : 30,000 fr.!!!....

Quant aux télégraphes électriques, ils ne sont pas du ressort de notre Loupe ; néanmoins, disons que les télégraphes de M. Bréguet, comme la plupart de ceux que nous voyons dans d'autres vitrines d'horlogers, sont faits, d'après le système plus ou moins modifié, de MM. Wheatstone et Morse, qui, on le sait, ont la priorité de l'invention. Le premier pour les télégraphes à cadrans, que l'on fait à lettres ou à signaux ; le second pour ceux écrivant. Or, tous ces télégraphes, dont on varie d'une manière infinie la disposition, sont tous fondés sur l'interruption du courant et le jeu mécanique des électro-aimants. Seulement, aujourd'hui, dans ceux que nous voyons, c'est un mécanisme d'horlogerie qui fait tous les frais du mouvement, et l'armature de l'électro-aimant n'agit plus que comme détente; de cette manière, l'aiguille peut donc désigner sur le cadran toutes les lettres et signaux dont on a besoin. Conclusion : Bréguet, le père, électrisait le monde par les chefs-d'œuvre d'exécution des artistes qu'il savait employer, Bréguet fils, l'électrise à la pile.

Ainsi, à l'exception de M. Robert, de Paris, qui, indépendamment de son huile et de son instrument de cosmographie, expose un chronomètre de bord à barillet tournant, voilà à quoi se résume dans l'annexe l'horlogerie nautique.

E revanche, dans ce compartiment, les régulateurs astronomiques (et nous entendons par ce nom les pièces de précision à longue ligne) sont nombreux et dédommagent un peu notre Loupe.

Ce genre d'horlogerie est représenté par MM. Robert, de Paris, Redier, Brocot et Delettrez, Dumouchel, Boulay, Bulot, Bocquet et Mildé, Cyrus, Levard et Larible : chacune de ces pièces est remarquables.

La vitrine de M. Redier, de Paris, contient deux régulateurs qui sont réellement beaux ; l'un est à tige de compensation d'aluminium et l'autre à compensation de mercure à deux tubulaires, mais il est fâcheux que la tige de ce dernier balancier, avec sa malencontreuse virole de laiton, ressemble autant à une espagnolette ; parmi les produits de cet exposant, nous voyons aussi des pendules d'habitacle, et toujours les mêmes réveils à as de trèfle retourné.

M. Brocot semble avoir lutté avec M. Redier pour le luxe de la boîte de son régulateur.

Dans la vitrine de M. Bulot, de Paris, nous remarquons un instrument propre à mesurer la force et la grandeur des spiraux, et avec lequel on peut régler immédiatement une montre ou un chronomètre. Grâce à cet exposant, désormais la vie d'un horloger, exempte des difficultés et des ennuis du réglage, pourra se dérouler aussi tranquillement qu'une chaîne de montre sur son barillet.

Parmi les produits qui figurent dans la vitrine de M. Détouche, nous voyons des spécimen de différents échappements et trois pendules squelettes ; ces différentes pièces portent le cachet de la main habile de M. Oudin. Cette année, cette maison n'expose point de chronomètres et semble avoir quitté la haute horlogerie pour l'horlogerie haute, car nous remarquons dans sa vitrine une grosse horloge qui répète les heures à chaque quart, ainsi qu'une horloge électro-magnétique de M. Oudin.

L'horlogerie électrique, indépendamment des deux cadrans qui donnent l'heure aux extrémités de la nef, et qui sont mus par l'horloge de M. Collin, compte aussi dans l'annexe plusieurs exposants.

Ce genre d'horlogerie, dont les premiers essais furent faits presque simultanément, il y a quinze ans, par M. Wheatstone et M. Bain, puis plus tard, par MM. Froment, Mouilleron, Paul Garnier, Bréguet et autres, forme réellement aujourd'hui une nouvelle catégorie dans l'art chronométrique.

Nous allons donc dire deux mots nécessaires pour rendre plus saisissable à nos lecteurs la nature de cette espèce d'horlogerie, nous parlons de ceux auxquels elle serait encore étrangère.

Chacun sait aujourd'hui qu'en mettant le pôle négatif d'une pile en rapport avec le pôle positif, on obtient ainsi un courant électrique. Or, du moment qu'on a reconnu qu'un courant électrique avait la propriété d'aimanter instantanément le fer où il passe, et que cette aimentation cessait sitôt le courant rompu, on fit les électro-aimants, qui sont l'action multipliée d'un courant voltaïque sur un morceau de fer doux, s'armant et se désarmant à volonté, et avec cette spontanéité que l'électricité met dans tout ce qu'elle fait. En utilisant ce va-et-vient, on a donc là un moyen d'appliquer l'électricité à un mécanisme quelconque ; tel est le jeu et la nature du moteur électrique.

La première application, comme nous l'avons dit, en fut faite pour les télégraphes par MM. Morse et Wheatstone vers 1837. Enfin, en 1840, M. Wheatstone appliqua le principe de son télégraphe pour faire lire simultanément, dans divers lieux, l'heure donnée par une seule horloge. C'est donc de cette époque que date la première application de l'électricité à l'horlogerie.

Cette première application qui consiste à distribuer l'heure dans tel nombre d'endroits qu'il convient, par l'intermédiaire de cadrans compteurs se nomme : *Compteurs électro-chronométriques*, ils ne fonctionnent que d'après une horloge-type qui sert de régulateur. Tels sont les compteurs électro-chronométriques de M. Collin et ceux qui figurent dans les vitrines de MM. Paul Garnier, Mouilleron, Bréguet et autres.

Il y a une deuxième application de l'électricité à l'horlogerie, ce sont les *horloges électro-magnétiques*, celles-ci donnent l'heure indépendamment de tout système d'horlogerie ordinaire et marchent par le seul secours de la force électro-motrice.

La plus curieuse de ce genre que nous voyons figurer à l'Exposition est celle de M. Froment, qui avec un seul élément, bat la seconde et fait marcher les trois grandes aiguilles d'un grand cadran de clocher.

M. Froment est un physicien très distingué de l'Observatoire de Paris, et surtout un homme d'un rare mérite, mettant toujours au service de chacun sa science et ses conseils. Aussi est-ce à lui que la plupart des horlogers qui s'occupent aujourd'hui d'électricité doivent la réussite de leurs applications.

M. Vérité expose aussi un régulateur électromagnétique dans lequel les pertes de vitesse du pendule sont périodiquement réparées, à chaque oscillation, par l'action d'un même poids qui a la forme d'une petite cloche métallique, et qui se pose sur une pointe placée à l'une des extrémités d'une barette horizontalement fixée au pendule. Lorsque la pointe arrive au contact intérieur de cette cloche suspendue à un fil métallique très fin, un courant électrique s'établit, et un électroaimant abaisse une pièce mobile à laquelle la cloche est suspendue, ce qui laisse à cette cloche toute son action sur le pendule. Lorsqu'au retour de celui-ci, le contact de la pointe et de la cloche cesse, le courant ne passe plus; mais il est bientôt rétabli dans un nouvel électro-aimant aussitôt que la seconde pointe, fixée sur l'autre bras de la barette, vient toucher une autre cloche placée dans les mêmes conditions que la première, et dont les fonctions sont conséquemment les mêmes. Comme on le voit, c'est le poids seul des deux cloches qui donne l'impulsion au balancier.

La force motrice, que M. Vérité emprunte pour déterminer l'abaissement des cloches est très faible, elle se compose d'un seul couple d'une extrême simplicité.

Dans l'horloge électro-magnétique qu'expose M. Oudin, un peu plus compliquée que la précédente, l'action des cloches est remplacée par celle de deux petits ressorts périodiquement bandés d'une même quantité par deux électro-aimants et dont la réaction donne l'impulsion au pendule. Dans celle de M. Garnier, c'est également un électro-aimant qui a la mission de relever périodiquement le poids qui donne l'impulsion au pendule.

Nous arrêtons là notre exploration de l'horlogerie française. D'ailleurs, n'ayant plus que des piles en perspective, notre Loupe éprouve le besoin de changer de latitude et d'aller promener son objectif dans les galeries étrangères, laissant à la quatrième page des journaux le soin de citer les produits que nous avons pu omettre, ainsi que les commissionnaires et les marchands dont les vitrines ne sont qu'une succursale de leurs boutiques, le Panthéon de l'industrie un docks, et l'Exposition une réclame!

DEUXIÈME PARTIE.

Revue sur l'Horlogerie étrangère.

En quittant la Galerie française, impatient de visiter la patrie des Harisson, des Graham et des Arnold, nous gravissons l'escalier qui conduit à la galerie supérieure du grand palais, et dans laquelle nous rencontrons le compartiment occupé par l'horlogerie anglaise, laquelle est placée dans la partie sud de cette galerie.

En voyant le petit nombre des produits chronométriques de nos rivaux d'Outre-Manche, nos espérances ont été tant soit peu déçues. Plusieurs de ceux qui, à l'Exposition universelle de 1851, avaient à Hyde-Park d'importantes vitrines, font défaut; nous remarquons entre autres, l'absence totale de M. Dent, qui, à Londres, avait à lui seul une exposition chronométrique universelle, comprenant l'horloge de clocher, la montre marine, le chronomètre de poche, le régulateur astronomique, tout enfin jusqu'à la pendule de voyage et la montre de col, et qui, à Paris, n'a pas même envoyé un échantillon de son spiral ou de son balancier en verre, bien que son nom figurasse dans le catalogue officiel.

Le savant Wuillamy, qui est une sommité et une des gloires contemporaines de l'horlogerie anglaise, nous prive, par son abstention, de quelques bons enseignements.

MM. Charles Frodsham, Poole, Davis, Aubert et Frodsham et Baker, exposent environ douze montres marines qui représentent dans ce compartiment l'horlogerie anglaise de haute précision. L'École anglaise, on le sait, se distingue par des calibres de plus grande dimension que les nôtres, une exécution sévère et des formes révélant le positif, la solidité et la durée, mais n'ayant pas le coup d'œil, la grâce et le fini qui caractérise l'école française. Maintenant, pour décider laquelle des deux doit être préférée, il faudrait constater, par un concours en mer, la marche des pièces de l'une et de l'autre école. Or, pas plus dans les galeries françaises que dans celle-ci, nous n'avons vu aucune des montres marines qui y figurent être accompagnées du moindre journal, émanant d'un observatoire quelconque ou constatant officiellement leur marche; nous ignorons donc quel est celui des deux pays qui, sur un *nombre égal* de ces pièces, en compte le plus réussissant au réglage.

La vitrine de M. Charles Frodsham, de Londres (Strand), contient deux montres marines qui sont la fleur de l'école anglaise; ces pièces qui sont tout à fait à découvert, et que l'on peut examiner, dans tous leurs détails, ont réellement leur cachet et leur mérite, et pour un œil attentif, elles sont comme une de ces mines fécondes dans lesquelles on découvre sans cesse de nouveaux trésors, aussi l'objectif de notre Loupe s'y repose-t-il avec plaisir. Cet artiste expose aussi trois pendules de voyage, plusieurs chronomètres de poche tous à fusée, quelques montres, et un grand spécimen de l'échappement à détente, qui serait dit-on la copie de celui de la montre marine, avec laquelle Cook fit le tour du globe. Nous remarquons plusieurs spécimen de balanciers compensateurs pour chronomètres, de divers constructions, et ayant différentes applications de compensation auxiliaire, quelques pièces détachées, entre autres de jolis pignons ; nous retrouvons encore dans cette vitrine une pièce de feu Bréguet à échappement tourbillon que nous avons déjà vu figurer à Londres, enfin M. Charles Frodsham termine son exposition par un régulateur astronomique pendule à compensation de mercure.

M. John Poole, de Londres, expose quatre chronomètres de bords, qui sont parfaitement exécutés, seulement ces pièces n'ont sans doute pas été à l'Observatoire, car nous les voyons, marchant toutes quatre, mais aucune d'elles n'indique la même heure (1).

M. Davis et fils, de Birmingham, expose un superbe mouvement de régulateur, échappement à Graham, garni en pierre ; cette pièce est d'une exécution tout à fait remarquable, elle fait le plus grand honneur à M. Davis et à l'horlogerie anglaise ; nous remarquons aussi du même artiste deux montres marines d'une fort grande dimension, dans lesquelles l'échappement est détaché des platines.

La vitrine de M. Frodsham et Baker, de Londres, contient deux montres nautiques et plusieurs chronomètres de poche, nous voyons aussi un spé-

---

(1) Constatation faite le 27 septembre.

cimen de balancier compensateur pour chronomètre avec compensation auxiliaire; elle consiste en un petit appareil adapté à la serge du balancier, et recevant une petite lame bi-métallique fixée aux bras du balancier, laquelle lame porte une petite masse. Dans les températures moyennes, la lame additionnelle n'a aucun contact avec l'appareil, mais dans les températures où la compensation devient insuffisante, cette lame alors en contact avec l'appareil, éloigne ou rapproche du centre la petite masse qu'elle porte, et produit ainsi un supplément de compensation.

M. Loseby, de Londres, vise au même but, mais il cherche sa compensation additionnelle dans l'application du mercure, auquel il fait décrire, à l'aide de petites cornues, la courbe géométrique de la vis en cœur d'Archimède, laquelle courbe, on le sait, est pour les mobiles excentriques la plus propre à faire concorder des espaces égaux avec des temps égaux, aussi retrouvons-nous dans sa vitrine, le même assortiment de petites cornues en verre que nous avons déjà vues à Londres et qui à Paris compose toute l'exposition de cet artiste distingué.

MM. Webert et Aubert, de Londres, terminent, dans le compartiment anglais, le contingent de l'horlogerie de précision; le premier, en exposant un beau régulateur astronomique à compensation de mercure, et le second par un chronomètre de bord, un de poche et plusieurs montres, parmi lesquels nous en remarquons une qui est à répétition, sonne l'heure et les minutes, et qui, malgré son séjour dans cette vitrine, semble s'obstiner à vouloir conserver le cachet des montagnes de l'Helvétie, où peut-être elle a reçu le jour.

L'horlogie civile est représentée dans cette galerie par MM. Adam et fils, Nicole et Capt, Cole (Théodore), Funnell (Edouard), Bermett et Watkins.

La vitrine de M. Adam et fils, de Clerkennwell, contient une quinzaine de pièces, tant chronomètres de poche, que montres à secondes et autres qui, nous devons le dire, portent avec une certaine noblesse leur cachet britannique.

MM. Nicole et Capt exposent une vingtaine de montres la plupart échappement Duplex, les unes à remontoirs par la queue, deux montres avec compteur à double aiguille, du même genre que ceux que nous avons vus dans l'exposition française, et enfin une montre d'aveugle ; nous remarquons dans cette vitrine un petit appareil applicable aux montres à échappement libre Duplex et à détente, pour prévenir les renversements, dans le cas accidentel, d'un développement anormal des vibrations du balancier. Il consiste dans la courbure de la spire excentrique du spiral qui présente ainsi une saillie triangulaire assez prononcée. Une goupille est placée sur une des barettes du balancier ; cette goupille, qui ne touche à rien dans les vibrations normales, vient au contraire dans les amplitudes trop étendues buter à la partie saillante du spiral, et empêche ainsi le balancier d'aller plus loin.

M. Funnell, de Brigthon, exibe une montre microscopique de 5 lignes de diamètre, c'est la même que nous avons vu figurer à Londres en 1851, elle était alors exposée par ce même horloger sous le numéro 26 ; cette petite pièce, que nous croyons tant soit peu suissesse, compose seule toute la vitrine de cet artiste, qui, on le voit, se contente de peu de place.

Nous voyons avec plaisir la vitrine de M. Cole, de Londres, elle est garnie de petits bronzes et d'horlogerie de fantaisie tout à fait en dehors du genre anglais, et témoignant le bon goût de cet artiste ; nous remarquons entre autres pièces, certain petit panier rond, en bronze doré, ciselé et fort mignon au fond duquel se trouve placé un cadran concave recouvert d'un verre bizauté, et marquant l'heure. Cette singulière application de l'heure au fond d'un panier nous semble assez piquante, sans doute que nos voisines d'outre-Manche destinent ces petits paniers chronométriques à un tout autre usage que celui de faire le marché.

M. Cole expose en outre trois petites pendules trépied, à peu près semblables. Elles ont pour base un plateau rond, doré et gravé, trois petites colonnes en cuivre fixées autour de ce plateau se réunissent à leur extrémité supérieure et forment ainsi trois côtés, sur l'un desquels est placé le mouvement et le cadran ; le balancier, d'une forme sphérique, est au milieu de trois colonnes, tel est l'ensemble qu'offrent ces petites pendules du reste assez originales, mais qui ont encore un autre mérite, celui de pouvoir être mises d'aplomb par tout le monde, voir même par les personnes affligées de surdité. Voici comment : au-dessus des colonnes est suspendue une petite boule ayant une petite pointe d'acier, au-dessous est une autre pointe fixe ; or, la pendule est d'aplomb lorsque les deux pointes tombent perpendiculairement l'une sur l'autre ; sous le plateau sont donc des vis à l'aide desquelles on baisse ou lève à volonté le plateau pour faire concorder les pointes. Une autre petite horloge du même genre termine l'exposition de cet horloger, seulement celle-ci diffère des autres, en ce que le pendule, *toujours à boule*, est placé au-dessus du mouvement, et au lieu d'osciller, il tourne sur lui-même ; sa longue lame de suspension remplit à cet effet l'office d'un spiral. Nous lisons sur cette pièce cette inscription anglaise *not for sale*, mais nous en laissons la traduction au lecteur.

L'exposition de M. Watkins, de Londres, consiste en une annonce traduite en français et en anglais, cette annonce apprend au public : qu'il exécute les ordres pour toute espèce de montres, avec le plus grand soin et les envoie garanties dans toutes les parties du monde ; ladite annonce, est accompagnée d'une douzaine de montres soigneusement fermées et ayant toutes la mine bien peu cosmopolite.

M. Bennett, de Londres, expose une pendule de cheminée, boîte en acajou sculpté, cadran doré, à quantièmes, etc., dont l'architecture de la boîte nous semble très propre à servir de modèle pour un mausolée ; cette pièce est sans doute destinée à un bureau des pompes funèbres, aussi la quittons-nous de crainte de donner à notre Loupe des accès de tristesse. Décidément il faut avouer que nos voisins d'outre-Manche ne sont pas nos rivaux pour la pendule de cheminée.

Il ne nous reste plus maintenant à voir dans l'exposition chronométrique anglaise que l'horlogerie monumentale. C'est encore M. Bennett qui s'est chargé de représenter la Grande-Bretagne pour ce genre d'horlogerie.

Cet artiste expose dans l'annexe du bord de l'eau, près de l'entrée de la place de la Concorde, une grande horloge de clocher, cette horloge est la même que nous avons vu figurer en 1851 dans le palais d'Hyde-Park; elle est à échappement Graham, sonnerie à rateau, la tige du pendule est en sapin, elle n'a rien de remarquable, si ce n'est, un luxueux affublement de draperie de velours, colonnes dorées, franges d'or, drapeaux, etc., dont elle est décorée; en la voyant ainsi tranformée en catafalque, nous nous sommes demandé, lequel, de l'horloger ou du tapissier, se présentait au concours. Cette pièce est la seule horloge monumentale qui soit exposée par l'Angleterre; nous croyons donc ce pays encore notre tributaire pour ce genre d'horlogerie.

Des bords de la Tamise, nous allons nous diriger vers la Suisse, ce beau pays des montagnes, des châlets et des glaciers, et qui est, on le sait, le centre le plus important pour la fabrication de l'horlogerie portative. Mais avant de quitter l'annexe du bord de l'eau, pour nous rendre dans le grand palais où se trouve le principal compartiment helvétique, nous remarquons dans cette galerie un produit suisse devant lequel nous nous arrêtons; c'est un admirable régulateur astronomique exposé par M. Louis Richard, du Locle (canton de Neufchâtel), il est à échappement libre à force constante, balancier compensateur à trois branches agissant sur leviers. La conception de cette pièce est fort heureuse; quant à l'exécution, c'est un chef d'œuvre devant lequel on s'extasie. En voyant les beaux organes d'acier et de laiton de cette pièce et de son balancier, leurs ajustements si précis et si parfaits, on est à se demander comment une main humaine peut transformer ainsi la matière. Ce n'est pas là un de ces ouvrages frivoles qui brillent par leur ornementation ou une riche ciselure, c'est la simplicité même, c'est la science de la main-d'œuvre, c'est l'acier et le laiton faits rois des métaux de par la lime et le tour; aussi remercions-nous de tout cœur M. Richard du plaisir qu'il nous a fait. Il montre là ce que peut être une pièce d'horlogerie. M. Matthey, du Locle, a aussi dans l'annexe une horloge électrique, dont nous ne pouvons voir la disposition.

Maintenant nous retrouvons les compatriotes de M. Richard dans la partie nord-ouest de la galerie supérieure du grand palais, où MM. Jaccard frères, Jacques et Lecoultre-Sublet, de Sainte-Croix, Lecoultre, du Brassus, et Duës, de Genève, exposent des boîtes à musique qui nous indiquent, par leurs accords métalliques, l'emplacement occupé par l'horlogerie suisse. Notre vieille Loupe se sent presque regaillardie par une polka que joue une de ces pièces avec accompagnement de tambours; cette imitation du tambourin qui est nouvelle dans ces sortes de pièces, se produit au moyen d'un petit peigne supplémentaire, dont les touches portent, en dessous, un petit appareil qui vient frapper sur une plaque à chaque fois qu'elles sont rencontrées par les pointes du cylindre.

Nous laissons ces boîtes harmoniques, qui n'ont plus leur vogue dans nos latitudes, et qui d'ailleurs sont des machines, non pour mesurer le temps, mais pour le faire passer. Près de l'endroit qu'elles occupent est le compartiment de l'horlogerie helvétique. Là une grande vitrine parallélogramme renferme plusieurs centaines de montres de tous genres : chronomètres de poche, montres civiles de luxe et autres; ce sont les produits des différents cantons de Genève, Neufchâtel, Vaud, Berne et Fribourg réunis.

Dans le canton de Genève, nous remarquons M. Morhadt, qui expose un charmant chronomètre marin, des ébauches de montres et des spécimen de fabrication qui nous font plaisir à voir. Nous retrouvons M. Lütz avec des spécimen de spiraux indéformables et inoxidables, qui lui ont valu d'être un des heureux lauréats de l'Exposition universelle de Londres.

Mademoiselle Adrienne Cognetti présente des spiraux en or et d'autres en acier anglais, pour lesquels notre Loupe n'est pas exempte de sympathie. MM. Patek et Philippe exposent six beaux chronomètres de poche, différentes montres à seconde, à remontoirs par le pendant, d'autres à répétition, d'autres enfin plus petites, enrichies de diamants, coquettes, mignonnes et qui font les délices des dames et non ceux des maris. M. Patek termine son exposition par des spécimen de toutes les pièces détachées qui composent un mouvement de montre, depuis les vis jusqu'aux roues et les blancs, et présente ainsi une image complète de toutes les différentes phases de la fabrication.

Dans ce canton, figurent aussi MM. Meynardier, Golay-Laresche, Roch, Bautte, Alliez et Berguier, qui tous exposent de nombreux produits qui font battre plus d'un cœur féminin, ce sont : de beaux diamants, de beaux émaux, des perles, de la belle peinture, de la riche ciselure, enfin de beaux bijoux qui font le plus grand honneur au talent des ouvriers graveurs, ciseleurs et émailleurs genevois qui, incontestablement, ont la suprématie pour ce genre, mais ces produits ne sauraient constituer une exposition chronométrique, malgré certaines montres microscopiques qui y figurent. Cependant, soyons juste, nous remarquons un chef d'œuvre.... c'est la vitrine en acajou sculpté qu renferme les montres de MM. Alliez et Berguier Cet exposant aura sans doute voulu que son ébéniste concourt à sa place.

Dans le canton de Neufchâtel, les villes du Locle, de Chaux-de-Fond, de Fleurier et de Cortaillod, apportent au concours leur belle horlogerie de montagnes, qui rivalise avec celle de Genève.

Le Locle est représenté par MM. Kramer, Sandoz, Boliveau, Courvoisier, Mairet, qui exposent de beaux chronomètres de poche, des montres à secondes et à remontoirs; MM. Favre, Auguste, des montres en nikel et un mouvement-échappement à tourbillon; M. Grand-Jean expose deux chronomètres marins, des mouvements et des ébauches de montres calibre anglais. Enfin, nous retrouvons encore dans ce compartiment M. Louis Richard qui expose, dans une petite vitrine ronde d'environ vingt-cinq centimètres, un chronomètre de poche rivalisant, pour la main-d'œuvre, avec le régulateur astronomique qu'il nous a fait admirer dans l'annexe.

La Chaux-de-Fond est représentée par MM. Junod frères, Célestin Droz, Joseph Jeannot, qui figurent avec des montres en or et en argent, échappement à ancre et à cylindre; M. Piguet présente au concours un nouvel échappement libre ne décrochant jamais, et M. Perret un chronomètre de poche à fusée.

La ville de Fleurier est représentée par MM. Gros-Claude, Dimier, Lequin et Bovet. Dans les vitrines des deux derniers, nous remarquons des montres dont la dimension nous rappelle celle de Bilboquet, avec la différence que la plupart de celles-ci sont émaillées, enrichies de perles fines et vont au prix de cinq à six mille francs *la paire*, nous disons la la paire, car ce sont des montres chinoises, et dans ce pays on en porte jamais moins de deux à la fois, c'est sans doute pourquoi les Chinois les veulent plus grosses. Les ponts et les platines de ces pièces sont découpés en zig-zag, elles battent la seconde en deux temps, et leur échappement est pour la plupart à Duplex ou à ancre ; nous en voyons une dans la vitrine de M. Lequin, dont le mouvement est entièrement en acier; dans celle de M. Bovet, nous en remarquons deux qui sont destinées à l'empereur de la Chine, elles ont près de dix centimètres de diamètre.

La petite ville de Cortaillod apporte aussi son contingent au concours, elle est représentée par M. Charles Périn, qui expose des pièces détachées et des spécimen de balanciers de toutes grandeurs et de toutes façons, ces derniers sont vraiment remarquables par leur bonne facture et leur bon marché. Ainsi, nous voyons des balanciers ordinaires depuis 25 jusqu'à 70 cent. Des balanciers bi-métalliques non-coupés, imitation de compensateurs à 2 francs. Enfin des balanciers compensateurs pour chronomètres à 8, 12 et 20 fr., et certes, plus d'une pendule de voyage et plus d'un chronomètre, que nous voyons figurer dans certaines vitrines françaises, ne se sont pas fait scrupule de se présenter au concours avec cette sorte de balanciers.

Dans le canton de Vaud, ce sont les villes du Sentier, du Brassus et de Sainte-Croix qui se présentent dans l'arène. Au Sentier, nous voyons M. Aubert avec des ébauches de montres, M. Lecoultre-Antoine avec un instrument propre à donner la division d'un millionième de mètre, un spécimen de l'échappement de Robin modifié, quelques chronomètres de poche, des montres à remontoirs, des blancs de montres et des spécimen de pièces détachées parmi lesquelles figurent de jolis pignons. A Sainte-Croix, M. Bornand expose un chronomètre de poche, des montres à seconde et à remontoirs. Enfin, au Brassus, MM. Lecoultre-Perret et Audemard présentent au concours de jolies ébauches de cette vallée qui, on le sait, sont fort estimées ; ce dernier expose en outre de belles montres à remontoirs et une douzaine de tracés différents, pour calibres de montres.

Dans le canton de Berne, nous voyons des ébauches de montres ; pour l'Allemagne, exposées par M. Burhe, de Reconvillicrs ; les montres de M. Courvoisier, de Renan, celles de M. Kœnig, de Bienne, enfin à Tramelan, ville du même canton, M. Vuillemier expose trois montres, une à équation, l'autre à grande sonnerie, et la troisième marchant huit jours. Définitivement cet horloger tient pour les montres hebdomadaires et les grandes sonneries, car ces dernières sont les mêmes que nous avons déjà vues à l'expostion de Londres, dans la vitrine de cet exposant. Là se termine à peu près le contingent des produits chronométriques que l'Helvétie apporte au concours de 1855, et qui montre une fois de plus, que ce pays tient le premier rang pour l'horlogerie portative de commerce.

Des montagnes Suisses, nous nous dirigeons vers les états Sardes, où nous trouvons un nom connu, M. Benoist, directeur de l'école d'horlogerie, fondée à Cluse, en 1848, par le roi de Sardaigne ; cet artiste présente au concours les beaux produits de cette fabrique, parmi lesquels nous remarquons une montre à seconde indépendante à un seul corps de rouage, quatre chronomètres de poche et trois demi-chronomètres dont l'exécution révèle la main habile et le talent connu de l'ancien directeur de la fabrique de Versailles; dans cette vitrine figurent cinq grands spécimen parfaitement exécutés des échappements : à verge, à cylindre, à ancre, à Duplex et à détente ; ces spécimen, très propres aux démonstrations, marchent à l'aide d'un rouage auquel ils sont adaptés. Ils ont été exécutés par des élèves de l'école, MM. Bazzardy, Tessidore, Vischi et Depoisier; nous remarquons en outre dans cette vitrine de fort belles ébauches pour montres à ancre à 6 fr. 50, des barillets Lépine tout montés avec leur pont à 1 fr. 50. Devant de tels résultats on peut prévoir qu'avant peu d'années la Savoie sera la rivale de la Suisse. Dans la même ville, M. Dancet-Lambert expose des spécimen de pièces pour montres, tels que roues, arrêtages, pignons, chaussées, d'une bonne facture et à bon marché. M. Antoine-Claude-Joseph, de Bonnenouvelle (Savoie), présente un compteur à minutes et secondes à double aiguille d'une combinaison fort ingénieuse ; enfin M. Vercellin, de Turin, annonce deux chronomètres que nous trouvons dans la partie sud-est du jardin, dans l'observatoire de M. Porro, et pour lesquels notre Loupe n'est pas indifférente. Parmi les instruments de M. Porro qui est opticien, nous voyons un régulateur astronomique que cet exposant a fait, nous ne pouvons le quitter ainsi, sans parler de la compensation de son pendule, que M. Porro dit avoir établi rigoureusement d'après le coefficient de la pénétrabilité des métaux. Il eût bien dû alors pousser au moins la rigueur jusqu'à faire agir sa compensation en partant du centre de gravité.

De la Savoie, nous passons dans le Danemark, dont les produits de 1851 ont laissé à notre Loupe de si doux souvenirs. Nous y voyons figurer M. Jurgensen, de Copenhague, cet artiste expose deux beaux chronomètres de bord, et les deux thermomètres métalliques à maxima et minima qui lui ont valu la médaille de prix à l'exposition universelle de Londres; nous remarquons en outre dans cette vitrine cinq grands spécimen des échappements d'Arnold, d'Earnshaw, à ancre, à Duplex et un autre modifié par l'exposant. M. Ranch, de Copenhague, présente une belle montre marine, enfin M. Krille Kessels, d'Altona, expose trois chronomètres nautiques; toutes ces pièces sont d'une exécution irréprochable, et placent ce pays, pour la chronométrie, au même rang que la France et l'Angleterre.

En Suède, M. Soderberg, de Stockholm, présente un chronomètre de bord, portant le n° 293, qui, *d'après une note de cet horloger,* aurait fait le service sur la frégate l'*Eugénie* en 1853 et 1854, pour un voyage autour du globe et aurait donné de bons résultats; ce même horloger expose aussi un régulateur astronomique échappement à

Graham, balancier compensateur à deux branches ; les deux tringles de ce balancier, placées l'une devant l'autre et s'inclinant en arrière de la lentille, lui donnent de côté l'aspect d'un fusil mettant en joue le point de suspension. M. Linderoth, de la même ville, expose un chronomètre nautique et diverses pièces détachées. M. Kullberg, de Wisby, présente trois montres marines, toutes ces pièces un peu lourdes peut-être prouvent que ce pays s'occupe aussi sérieusement de chronométrie, leur construction est celle de l'école anglaise. Quant à M. Backstrom, de Carlsham, il en est encore à la clepsydre, et comme montre nautique, il expose une horloge d'eau.

En nous dirigeant vers les Pays-Bas, qui figurent dans cette même galerie, nous trouvons un échantillon de l'horlogerie hollandaise, M. Van Spanje, de Thiel, expose une pendule genre squelette qu'il appelle horloge *polytopique*. C'est un grand cadran marquant les 24 heures et portant vers le haut une échancrure du rayon de son diamètre, indiquant le mouvement apparent des astres, le temps vrai et le temps moyen, les quantièmes, etc. Le mouvement de cette pièce est fixé entre deux colonnes en cuivre, surmontées de deux grosses boules du même métal, qui, en les voyant, nous font penser aux fromages de ce pays, heureusement M. Howhu, d'Amsterdam, remet notre Loupe de sa distraction, en exposant une montre marine, dont la construction sévère, révèle un artiste sérieux et habile. M. Archen, de la même ville, présente aussi un chronomètre de bord qui nous fait plaisir, mais nous nous esquivons devant sa pendule à sujet marbre noir.

A Hambourg, nous retrouvons M. Niéberg avec la même pendule noire à deux colonnes, surmontées d'un mouvement carré avec échappement dit à force constante, qui a déjà figuré à Londres à l'Exposition de 1851 ; ce que nous admirons c'est la constance de cet horloger, qui finira par faire de son régulateur de cheminée une pendule de voyage.

Non loin de Hambourg, dans la partie sud-ouest de la même galerie, nous trouvons la Bavière, où M. Henle Benoist, de Munich, expose un régulateur qu'il appelle horloge *polytopique*. Cet horloger bavarois, plus sage en cela que certains horlogers français, a compris toute l'anomalie des pendules à cadrans nombreux, dont les minuteries et les renvois ne sont pour ces horloges qu'une cause de perturbation de plus, qui ne leur ajoute aucun mérite mécanique. Aussi a-t-il mis, celle qu'il expose, à même de donner l'heure de beaucoup plus de latitudes que n'en marque d'ordinaire ce genre de pièces, et cela sans surcharger le rouage de son horloge et par la seule combinaison de son cadran ; celui du régulateur que nous voyons est divisé en vingt-quatre heures au lieu de douze, il est entouré d'un deuxième cercle où sont placées, suivant leurs divers degrés de latitudes et longitudes, toutes les villes qui sont antipodales et au moyen duquel on peut ainsi trouver facilement l'heure qu'il peut être à chacune de ces villes d'après l'heure marquée par l'horloge. Ce régulateur *géographique chrono-*

métrique est d'une forme simple, boîte en acajou et à glace; son mouvement, bien exécuté, est à échappement à Graham, et son balancier à tige de sapin.

Nous laissons M. Patsch, de la même ville, avec sa pendule de voyage pour aller trouver l'horlogerie monumentale de la Bavière, qui est placée dans l'annexe du bord de l'eau; là, M. Mannhard, de Munich, expose une grande horloge à doubles quarts montée dans une tour, son échappement, qui est à chevilles, a ses plans inclinés adhérents à la tige même du balancier, évitant ainsi, à l'instar de MM. Wagner et Vérité, les deux pivots et l'axe de l'échappement. M. Terzer, de la même ville, en expose une deuxième plus petite que cette première, et à laquelle une poulie est chargée d'entretenir les oscillations du pendule en agissant constamment, d'après une courbe plus ou moins géométrique, sur la partie supérieure de la tige du balancier. L'antipathie que montre cet artiste à l'endroit de la fourchette, dont il prive son horloge, ne peut être motivée que par une aversion bien prononcée pour la gastronomie.

De la Bavière, nous passons en Prusse, dont nous voyons flotter le drapeau sur la galerie supérieure du Nord de la grande annexe. L'horlogerie de ce pays est représentée là par cinq exposants. M. Weiss, de Goglau (Silésie), expose une petite horloge de clocher à quarts, échappement à Graham, balancier tige de sapin. Cette pièce est simple et légère, et de tous les pays étrangers, c'est celle qui se rapproche le plus de la France. M. Baumann, de Hamm, présente un régulateur type prussien, boîte en citronier, dont le modèle n'est pas aussi heureux ; de plus, cette pièce fait ce qu'elle peut pour battre la seconde et n'y peut réussir. MM. Stark, de Malmédy, et Baltzer, de Francfort, tiennent pour les pendules qui marchent, sinon bien, du moins longtemps, c'est une compensation comme une autre, aussi le premier expose-t-il un régulateur marchant trois ans, le second se contente de deux petites pendules à un an, enfin M. Becker, de Friebourg, qui termine le contingent prussien, a mis en cage un aigle de Berlin et l'expose comme balancier à l'une de ses pendules.

En Autriche, M. Suchy, de Prague, donne un échantillon de l'horlogerie autrichienne, en exposant une dizaine d'horloges d'appartements, boîtes à glace et en acajou forme rectangulaire sans embase et faites pour être accrochées le long d'un mur. Ces pendules sont toutes à poids, leur échappement à Graham, les tiges de leurs balanciers sont toutes en sapin, et leur prix varie suivant les grandeurs, nous en voyons depuis 28 jusqu'à 250 francs. Toutes ces pièces, d'ailleurs bon marché, ne manquent pas d'avoir un certain cachet. Nous n'en dirons pas autant de l'horloge de clocher exposée par M. Pizzocchery, de Monza (Lombardie), elle donne une médiocre idée de l'horlogerie monumentale de ce pays.

En Belgique nous trouvons pour toute horlogerie une petite pendule à poids, boîte en acajou, de la forme des horloges d'Allemagne et d'assez triste figure, exposée par M. Bodard, de Namur, devant laquelle nous nous hâtons de passer en laissant également les cadrans électriques de M. Gérard de Liège, ainsi qu'un certain pendule formant plusieurs X et se compensant par des traverses diagonales.

Dans la partie supérieure du sud de l'annexe, nous voyons l'Espagne, avec une horloge d'église exposée par M. Miguel, de Madrid ; nous avouons sincèrement préférer le ciel bleu et les Andalouses de ce pays, à ce tourne-broche chronométrique.

Enfin à l'extrémité ouest de cette galerie, est placée la métropole de l'Algérie où M. Gunther, d'Alger, expose une horloge électro-magnétique, en assez mauvais état. Dans cette horloge, les parties constitutives de l'échappement sont conservées comme à une pendule ordinaire, à l'exception de l'ancre, qui est remplacé ici par un appareil fixé à l'axe de la fourchette. C'est cet appareil qui, en contact avec un autre mécanisme sur lequel agissent les électro-aimants, fait ouvrir et fermer le courant à chaque oscillation du pendule, et lui restitue une impulsion nouvelle au moyen de la fourchette. La pile nous semble ici jouer un rôle trop immédiat pour que son inconstance n'influe pas d'une manière sensible sur la marche de cette horloge africaine.

Il nous reste encore le Wurtemberg ; or, comme ce pays est placé dans le grand palais, nous allons nous y diriger en traversant de nouveau la galerie du pont que nous avons exploré à notre début. Mais en passant dans cette galerie chronométri que, notre Loupe ne peut s'empêcher de promener une dernière fois son objectif sur les vitrines françaises, aussi remarquons-nous un produit qui a pris tardivement place dans la vitrine hospitalière de M. Delmas; c'est un mouvement de montre fait de toutes pièces par M. Pesloche, d'Épernay. Ce mouvement marche huit jours, mais il est pourvu d'un correcteur de la force motrice, qui remplace avec avantage le mécanisme de la fusée. Ce correcteur parfaitement conçu soustrait de la force motrice tout l'excédant de la force nécessaire à la marche du mouvement; nous croyons que les constructeurs de chronomètres pourraient en tirer bon parti.

Ce petit hommage de notre Loupe rendu à ce produit retardataire, mais remarquable, nous rentrons dans le grand palais, où nous trouvons, dans la partie sud-ouest du rez-de-chaussée, le compartiment occupé par l'horlogerie de la Forêt-Noire (1).

On lit dans un journal de Hambourg, relativement à l'émigration de l'Allemagne, l'article suivant sur ce genre d'horlogerie :

« L'émigration d'Allemagne a déjà fait perdre à ce pays une branche d'industrie assez importante (celle de la fabrication de pendules en bois); qui autrefois faisait vivre un très grand nombre de familles sur tous les points de l'Allemagne, et notamment dans les contrées de la Forêt-Noire.

» Cette branche d'industrie a passé presque toute entière aux États-Unis, car actuellement il n'arrive pas dans les ports allemands un seul navire des États-Unis qui n'apporte une certaine quantité de pendules en bois, tandis qu'autrefois c'était l'Allemagne qui avait en quelque sorte le monopole de cet article.

» Les principales fabriques de pendules de bois dans

Elle est représentée par une douzaine d'exposants, de Schwenningen, qui semblent ne rivaliser que pour rendre grotesque cette espèce d'horlogerie en la pourvoyant d'oiseaux remuant, plus ou moins, becs et queues et répétant à toute heure le nom, peu chronométrique, donné aux maris infortunés.

Néanmoins parmi ces pendules de ménage, nous en remarquons une assez curieuse, elle est la reproduction primitive et fidèle de l'horloge en bois, telle qu'elle fut conçue dans son origine par son inventeur infortuné, Clavelé, de la Rochelle, qui on le sait, fut condamné à mort comme huguenot et brûlé il y a quelques cents ans avec son horloge. Dans celle-ci le balancier est à folio, deux petites cordes tendues sollicitent ses vibrations, l'échappement est à palettes, et un disque de bois, dans lequel sont implantées des chevilles en fil de fer, remplit la fonction de roue de rencontre ; cette petite horloge est cotée 200 fr.

Là se termine l'office que nous avons réclamé de notre Loupe, pour cette revue des produits chronométriques qui figurent au Palais des Champs-Élysées ; si ses qualités d'optique ont pu faire défaut, nous n'en aurons pas moins été tou-

---

l'Union, où l'on désigne ce genre d'horloges par le nom de *clock*, se trouvent à New-Haven et à Bristol, dans l'Etat de Connecticut ; à Plymouth, dans l'Etat de Massachussets ; à Ausonia et à Werstern, dans l'Etat de New-York. Ces fabriques produisent environ pour 1,700,000 f. de ces clocks par an ; elles occupent près de trois mille ouvriers, tous Allemands. »

jours sincère, car devant son objectif impartial, toutes les barrières s'abaissent et toutes les nationalités s'effacent de même que nos sympathies personnelles se taisent.

EXPOSITION UNIVERSELLE DE 1855.

LISTE (*d'après le* Moniteur)

Des Membres du Jury international de la VIIIe classe, dans laquelle est comprise l'horlogerie.

Président :
M. le Maréchal VAILLANT.

Vice-Président :
M. David BREWSTER.

Secrétaires :
MM. MATHIEU.
Baron SÉGUIER.
FROMENT.
BRUNAIRE.
VERTHEIM.

Membres :
MM. ALDERMANN.
CARTER.
DOVE.
Élie WARTMANN.
Édouard BARBESAT.
STEINHEIL (docteur).
TYNDAL (docteur).

www.ingramcontent.com/pod-product-compliance
Lightning Source LLC
LaVergne TN
LVHW050620090426
835512LV00008B/1570